COLLECTION FOLIO

D1471279

# Le Roi danse

*Scénario, adaptation et dialogues
d'Andrée Corbiau, Gérard Corbiau
et Ève de Castro*

Gallimard

Le Roi danse *est l'adaptation du scénario du film de Gérard Corbiau, librement inspiré de l'ouvrage de Philippe Beaussant,* Lully ou Le musicien du Soleil, *publié aux Éditions Gallimard.*

# FICHE TECHNIQUE

Une coproduction K-Star — France 2 Cinéma — MMC Independent — K-Danse — K2 — RTL TVI.

| | |
|---|---|
| *Producteur :* | Dominique Janne |
| *Scénario :* | Ève de Castro, Andrée Corbiau et Gérard Corbiau avec la participation de Didier Decoin, librement inspiré de l'ouvrage de Philippe Beaussant *Lully ou Le musicien du Soleil.* |
| *Réalisateur :* | Gérard Corbiau |
| *1er assistant-réalisateur :* | Boris van Gils |
| *Scripte :* | Patrick Aubrée |
| *Chef opérateur :* | Gérard Simon A.F.C. |
| *Chef décorateur :* | Hubert Pouille |
| *Créateur des costumes :* | Olivier Bériot |
| *Maquillage :* | Anne Moralis |
| *Ingénieur du son :* | Henri Morelle |
| *Conseiller musical :* | Daniel Lipnik |

| | |
|---|---|
| *Chorégraphie :* | Béatrice Massin |
| *Montage :* | Ludo Troch et Philippe Ravoet |
| *Sound designer :* | Nigel Holland |
| *Mixage :* | Dominique Dalmasso |
| *Conseiller musical :* | Daniel Lipnik |
| *Direction musicale :* | Reinhard Goebel pour Musica Antiqua Köln |

avec dans les principaux rôles :

| | |
|---|---|
| Louis XIV : | Benoît Magimel |
| Lully : | Boris Terral |
| Molière : | Tcheky Karyo |
| Anne d'Autriche : | Colette Emmanuelle |
| Madeleine : | Cécile Bois |
| Julie : | Claire Keim |
| Cambert : | Johan Leysen |
| Conti : | Idwig Stéphane |
| Louis XIV jeune : | Émile Tarding |
| Cambefort : | Jacques François |

Bande originale du film disponible sur CD-MC Deutsch Grammophon.

Produit avec l'aide du Centre du Cinéma et de l'Audiovisuel de la Communauté française de Belgique et des télédistributeurs wallons.

Avec la participation de Canal+.
Avec le soutien de la Procirep et de la Filmstiftung
Nordrhein-Westfalen.
Ce film a été soutenu par Eurimages.

# I

Jean-Baptiste Lully, surintendant de la Musique royale, fait les cent pas. L'homme est âgé. Du bout de sa canne, il rythme sa marche impatiente. Ses chaussures le gênent, il s'en débarrasse et poursuit sa déambulation sur ses bas.

Il s'empare d'un tabouret et s'assied, face à la cour en grand habit qui s'agite, et commente à haute voix le retard prolongé du roi. Nous sommes dans l'église des Feuillants où doit se célébrer le *Te Deum* du roi. Au milieu de l'assemblée, Madeleine, l'épouse de Jean-Baptiste Lully. Elle le suit de son regard empli d'inquiétude.

Lully se masse nerveusement les pieds et fixe intensément le fauteuil toujours vide. La rumeur enfle, s'ajoutant au bruit des partitions et des instruments que les musiciens manipulent.

Déjà Lully se lève. Un majordome s'avance vers lui, d'un pas pressé.

LULLY : Nous allons commencer...

LE MAJORDOME : Mais Monsieur de Lully!... Sans le Roi?... Vous n'y songez pas!...

LULLY : Le Roi ne viendra pas.

Puis, se retournant vers l'orchestre, il crie avec une sorte de désespoir :

LULLY : Silence! Silence!

Et annonce d'un ton magistral :

LULLY : Le *Te Deum* du Roi!

Ses yeux noirs lancent des éclairs. Il commence à frapper la mesure avec sa longue canne. La musique s'élève sous les voûtes. Il frappe de toutes ses forces. Dans son geste passent sa rage et son dépit. Il serre les dents. Ses yeux brûlent. Soudain, sa bouche s'ouvre sur un hurlement silencieux. Dans un geste volontaire et violent, le coup a porté sur son pied. Dans l'assistance, le cri de Madeleine résonne intensément...

# II

Dans un grand vacarme, le carrosse de Lully pénètre dans la cour de son hôtel. Des laquais, flambeaux à la main, accompagnent l'attelage. D'autres débouchent des appartements et se précipitent à la rencontre du véhicule.

La chambre est jonchée de linge souillé. Les tables sont couvertes de potions et d'instruments de chirurgie. Sur le sol, des cuvettes d'eau salie. Dans une violence extrême, Lully se débat entre les mains de son médecin et du chirurgien qui s'efforcent de le maintenir sur une banquette où deux valets et un prêtre les assistent en transpirant d'angoisse.

LULLY : Non ! Non ! Non ! Vous ne couperez pas. Pas la jambe ! Pas la jambe d'un danseur !

LE CHIRURGIEN : Monsieur, je vous conjure…

LULLY : Lâchez-moi ! Lâchez-moi !...

LE MÉDECIN : Si nous n'amputons pas, la gangrène va remonter jusqu'au cœur.

LULLY : Le cœur ! Très bien ! Prenez le cœur. Mais pas la jambe ! Pas la jambe d'un danseur ! Non ! Non !

Son cri est si poignant que les hommes finissent par le lâcher. Madeleine éclate en sanglots. Lully se laisse retomber en arrière, épuisé, hagard. Le délire l'envahit... Il se met à sourire. Comme en réponse, le rire du jeune roi Louis XIV lui revient en mémoire. Il se revoit à la cour du roi, au temps de ses débuts...

# III

Lully a vingt ans. Il est au centre d'une grande salle, tout inondée de lumière. Il corrige des partitions. D'une main assurée, il annote, tourne les pages tout en tenant tête aux compositeurs officiels de la cour, tous vieux, gris et morgués. Il y a là Boesset, Cambefort, Mollié, Vertpré et Mazuel. Ils se pressent autour de Lully comme des mouches, et semblent fort montés contre ce jeunet qui les ignore et poursuit imperturbablement son travail.

BOESSET : Et depuis quand notre musique ne plairait-elle plus au Roi ?

CAMBEFORT : Depuis que *vous* lui proposez *votre* musique, c'est cela ?

Lully ne daigne pas quitter ses partitions des yeux.

LULLY : Vous ne pouvez monter un escalier sans gémir ! Alors, faire danser…

MAZUEL : L'Italie la plus crottée dicterait-elle ses façons à la cour de France ?

BOESSET : La danse est une affaire française, mon bon !

MAZUEL : Rien à voir avec l'« opéra », genre italien ridicule, fort peu apprécié des Français… rien que du chanté, rendez-vous compte !…

Des rires complices saluent la boutade.

BOESSET : Le Roi danse, Monsieur, il ne chante pas !

Lully est ailleurs, n'écoutant que la partition et la corrigeant :

LULLY : La musique *est* mouvement, *doit être* mouvement…

CAMBEFORT : Votre bonheur d'avoir été remarqué par le Roi vous fait perdre le sens. Cette faveur-là durera ce que durent les contes ! Le crapaud redeviendra crapaud !

Cambefort s'approche de Lully et le renifle.

CAMBEFORT : D'ailleurs, l'Italien sent encore la vase !

Dans un nouveau concert de rires, les compositeurs tournent les talons et se dirigent vers la porte lorsque apparaît le roi (Louis XIV, quatorze ans), accompagné de sa petite cour. Les compositeurs s'immobilisent...
Louis s'adresse à Cambefort, toujours plié dans sa courbette.

LOUIS : Monsieur de Cambefort, dites à Lully que je désire lui parler.

Cambefort revient vers Lully, tout concentré sur sa musique.

CAMBEFORT : Le Roi, Monsieur.

D'un geste sans réplique, Lully lui enjoint de se taire.

LULLY *(pour lui-même, corrigeant la partition)* : Les notes suivent le mouvement comme des papillons. Elles sont entraînées dans son sillage. On ne sait plus qui guide l'autre...

CAMBEFORT : Le Roi veut vous parler.

LULLY : Il peut attendre. Il est le maître. Il a tout le temps qu'il veut.

CAMBEFORT : Le Roi ? Attendre ?

Cambefort est sidéré. Il revient au roi, avec la mine pateline d'un homme savourant à l'avance sa vengeance.

CAMBEFORT : Lully, Sire, demande à Votre Majesté d'attendre. Il ose dire, Sire, que vous êtes le maître et pouvez donc attendre...

Cambefort lui jette un coup d'œil par-dessous. Les compositeurs échangent des regards entendus, guettant la réaction du jeune roi... dont les mâchoires lentement se détendent... Un sourire amusé se forme progressivement sur ses lèvres...

LOUIS : Monsieur Lully travaille à notre plaisir, nous en sommes content.

Inclinés dans leur révérence, les vieux compositeurs jettent un regard ébahi à l'Italien qui à présent esquisse un mouvement de danse en jouant du violon... Louis rit. Le visage de Cambefort se décompose.

# IV

Toujours dans son délire, Lully lève une main faible et esquisse un mouvement comme pour diriger un pas de danse. Il se laisse à nouveau envahir par les souvenirs...

Tout bas, pour lui-même, dans un nouveau sourire :

LULLY *(bas, pour lui-même, dans un nouveau sourire)* : Le Roi danse...

# V

*Nous sommes le 23 février 1653*

Entouré de sa garde personnelle et de ses costumiers, le jeune Louis XIV emprunte les souterrains qui mènent aux dessous de scène. Dans le même temps, au centre de la grande salle du Théâtre royal, se danse le *Ballet de la Nuit*. Lully se faufile dans la foule nombreuse. Il s'attarde un instant, ébahi par la somptuosité du ballet. Il porte un paquet serré contre lui.

En courant, Lully emprunte à présent les mêmes escaliers que le roi, et rejoint le jeune Louis entouré de ses costumiers qui l'aident à revêtir son habit de Soleil.

LULLY : Sire ! Venez là ! J'ai une surprise...

LOUIS : Le soleil va bientôt se lever, Baptiste. Je ne serai jamais prêt.

LULLY : *Per favore*, une surprise de roi !...

Lully fait asseoir le roi et s'agenouille à ses pieds.

> LULLY : Vous êtes têtu, comme moi, mais heureusement vous êtes curieux. Comme moi aussi, d'ailleurs... C'est un bon défaut, très bon défaut, même pour les rois...

Lully ouvre la boîte et présente au roi une paire de chaussures à hauts talons, ornée de soleils.

> LULLY : Pour qu'ils vous regardent comme ils ne l'ont jamais fait... Un sorte de petite estrade personnelle, de petite scène à emporter partout avec soi et d'où Sa Majesté dominera naturellement le monde...

> LOUIS : Tu es fou ! Je ne pourrai jamais danser là-dessus !

Lully ôte les chaussures du roi.

> LULLY : Je les ai portées moi-même pour les casser. Elles sont souples, regardez ! Et songez ! Avec cela, vous toiserez même les plus grands !

Vaincu, Louis se laisse passer les souliers.

LULLY : Pour vous, je le jure sur ma mère, sur mon salut, je veux le meilleur. Que tous ils vous admirent à en baver, qu'ils vous acclament et que je vous voie heureux...

Louis se lève, fait deux pas, encore deux.

LOUIS : Je te préviens, si je tombe, tu retournes en Italie.

LULLY : Et si vous ne tombez pas ?...

Le roi sourit.

LOUIS : Qu'est-ce qui te ferait plaisir ?

LULLY : Devenir français, Sire. Il n'est pas bon d'être italien à Paris, aujourd'hui. Mon cœur est tout français, Sire ! *Lo giuro !* Il reste juste la langue ! Elle résiste ! Mais s'il plaît à Votre Majesté, je puis la couper.

Lully mime son propos avec faconde et drôlerie.

LULLY : En vérité, elle ne sert ni à jouer la musique ni à danser. Oui vraiment, je dois la couper...

LOUIS : Dès que je serai vraiment roi, je te ferai français.

LULLY : Mais vous êtes le roi...

Louis prend place sur le dispositif de machi-
nerie prévu pour son entrée en scène (une sorte
d'ascenseur).

LOUIS *(avec ironie et amertume)* : Sur
scène, Baptiste, uniquement sur scène...
Régner sur la Musique et la Danse, c'est
tout ce que me laissent ma mère et ses
ministres...

La lumière qui provient de la scène s'inten-
sifie et baigne progressivement le corps du
jeune roi d'une lueur presque irréelle... Louis a
entrepris ses mouvements d'échauffement et
commente ses gestes :

LOUIS : Puissance... Plaisir... Lumière...

Les artificiers allument les mèches qui com-
mandent le feu d'artifice, et les machinistes
actionnent le système d'ascenseur qui fait
monter le jeune roi vers la scène. On entend les
cris du public.
Lully regarde passionnément Louis qui
s'élève.

# VI

Louis apparaît sur la scène, au centre d'un feu d'artifice. La reine Anne écarquille les yeux en voyant son fils dans son costume de Soleil levant. À grands flots, la lumière jaillit des volets qui l'occultaient et envahit la scène. Chaussé des souliers donnés par Lully, Louis avance de quelques pas. La musique éclate. Le roi danse.

Placé au pied de la scène, le diseur commente les entrées des nobles :

*LE DISEUR*

*Alors que monte la lueur de l'Astre, encore à l'Aube de son feu, déjà l'Honneur suit sa lumineuse trace...*

Le prince de Conti, cousin du roi, monte alors sur la scène. Louis, perché sur ses talons hauts, le toise avec une imperturbable majesté.

Conti met un pied à terre devant le roi.

Dans une loge, trois jeunes femmes chuchotent :

UNE JEUNE FEMME : Regardez ! C'est le prince de Conti !...

UNE AUTRE JEUNE FEMME : Il est donc rentré en grâce ?...

UNE FEMME PLUS MÛRE : Le Roi l'a repris en laisse, oui ! Voyez comme il file doux !

Le diseur poursuit :

LE DISEUR

*Dans son sillage, partout le suivent la Grâce et la Victoire...*

La Grâce et la Victoire entrent de part et d'autre de la scène et se mettent à leur tour à danser autour du roi. Un vieux noble ahuri par ce qu'il voit se penche vers son voisin :

LE VIEUX NOBLE : Par Dieu ! Mais c'est toute la jeune Fronde qu'il fait danser. Tous les ennemis d'hier ! Un fils par famille ralliée ! L'idée est fort belle.

Lourd bruit des pas sur le plancher... Dans les dessous de scène, le nez en l'air, Lully suit attentivement la danse du roi... Il s'approche de quatre jeunes danseurs qui entreprennent leurs exercices d'échauffement. Troublé par l'un d'entre eux, il esquisse un mouvement de séduction. Un homme en noir (Robert Cambert) surgit alors, comme un diable d'une boîte. Il repousse le danseur et agresse violemment Lully :

CAMBERT : Alors, on vous trouve du talent, peste de Florentin!... Prenez garde que tout ne s'effondre brutalement, le Roi hait les « mœurs italiennes »! Dommage!...

Cambert lui crache au visage. Trop choqué pour réagir, Lully reçoit l'insulte sans broncher.

Dans la grand salle, la reine Anne ne peut détacher les yeux de son fils qui danse, divin, nimbé de lumière. Trois nouveaux danseurs se joignent au groupe.

### LE DISEUR

*La Faveur, la Renommée et la Paix viennent se joindre au chœur universel, pour célébrer celui qui, de ses rayons divins, fait régner sur la terre la Vie et la Lumière.*

Mazarin observe la reine... Des larmes lentes, lourdes, coulent le long de ses joues.

LA REINE ANNE : Cet enfant !...

MAZARIN : Ce n'est plus un enfant, Madame, c'est un roi...

# VII

*Huit ans plus tard,
ce 10 mars 1661*

Les rayons du matin filtrent au travers des vitraux. Agenouillé à même le sol, dans la chapelle déserte, Louis prie. Il a vingt-deux ans. Il est en habit de grand deuil.

LOUIS : Mon Dieu, faites que je ne tremble pas... Les mots me manquent souvent, et sans pouvoir l'avouer je doute plus souvent encore... Ma mère sera contre moi. Il faudra résister, résister à sa colère, à ses larmes. Il faudra parler ferme et clair, et ne point souffrir de réponse. Seigneur, je vous en supplie, ne me quittez pas... Le cardinal est mort. Le moment est venu. Je les plierai, ils mangeront dans ma main....

Le roi monte des escaliers avec précipitation, mais aussi avec une raideur qui trahit son anxiété. Il traverse une antichambre bordée de tentures noires et passe devant une haie de courtisans. Au premier rang, Lully. Il a vingt-huit ans. Il se signe lorsque Louis pénètre dans la salle du Conseil.

Debout devant une immense table, Louis affronte sa mère et les membres du Conseil. L'effort qu'il s'impose fait perler la sueur. Sa voix est ferme, tendue :

LOUIS : Messieurs... Madame. Aujourd'hui, la face du théâtre change...

Il marque un temps d'arrêt, l'angoisse lui noue la gorge. Parmi les ministres, des regards discrets s'échangent.

LOUIS : ... Jusqu'à ce jour, j'ai laissé gouverner mes affaires par mes ministres, sous la direction de feu le Cardinal Mazarin... Désormais, je régnerai seul, je gouvernerai par moi-même.

Les visages sont atterrés, les regards se croisent...

LOUIS : ... Vous m'aiderez de vos conseils quand je vous les demanderai. Je vous ordonne de ne rien signer, pas même un passeport, sans mon commandement. Vous savez mes volontés, Messieurs. C'est à vous maintenant de les exécuter...

# VIII

Louis sort de la salle du Conseil et passe vivement devant les courtisans qui, surpris, s'inclinent en hâte et en désordre. La reine Anne sort à son tour, suivie par ses dames de compagnie. Sa démarche trahit son extrême nervosité.

La reine mère pénètre dans une grande salle au centre de laquelle est planté le roi, comme s'il l'attendait.

LA REINE MÈRE : Louis… ! Vous ne prétendez pas gouverner sans Premier ministre !

LOUIS : Si, Madame, c'est exactement ce que je compte faire.

La reine Anne s'approche vivement.

LA REINE MÈRE : Enfin, Louis ! Vous n'avez aucune expérience du pouvoir ! La guitare, oui, cela vous connaît, et la chasse !

et les ballets ! Mais l'État ? Que savez-vous de l'État ?

LOUIS : Si je veux gouverner seul, ma mère, c'est que je crois pouvoir le faire bien. Quant à mon goût pour les ballets sachez ceci : mon père a fondé l'Académie de la Langue française, je ferai celle de la Danse. Ce sera mon premier acte de gouvernement...

LA REINE MÈRE (*levant les yeux au ciel*) : Mon pauvre enfant !

Ils sont interrompus par l'entrée du prince de Conti, entouré d'une troupe de noirs dévots. Le groupe reste massé près de la porte.

LOUIS : Tiens, tiens, voilà mon cousin Conti. J'admire, Madame, comme il est rentré dans vos grâces depuis qu'il a troqué sa vie de bâton de chaise pour les dehors de la plus ardente dévotion.

LA REINE MÈRE : Lui au moins n'affiche pas une maîtresse six mois après s'être marié à l'infante d'Espagne.

LOUIS : Avant de tourner prude, notre cher Conti a fait bien pis que je ne ferai jamais...

Puis, se tournant ouvertement vers Conti :

LOUIS : Monsieur de Conti est un faux dévot, comme tous ceux de la Compagnie du Saint-Sacrement, que le Cardinal avait interdite et qui continue de se réunir en secret. Un faux dévot d'autant plus dangereux qu'il est prince du sang et plus riche que moi.

Conti blêmit. Les dévots murmurent.

LOUIS : Je hais ces faces de carême et ces mines hypocrites. La France est épuisée, elle est malade. Elle a besoin d'un sang vif, d'un soleil neuf ! Je révère Dieu autant que vous, ma mère, mais il semble que ce ne soit pas le même. Le vôtre se repaît d'ombre et de repentir. Il se lamente sur le passé. Il a peur de l'avenir. Le mien est le Dieu de la vie, il me pousse vers la lumière ! Ne vous déplaise, à vous et à vos amis de noir vêtus, je serai le fils aîné de ce Dieu-là, et son représentant sur cette terre. Le prince de Conti certainement verra cela d'un fort méchant œil, mais peu me chaut : à l'avenir, il n'assistera plus au Conseil.

LA REINE MÈRE : Vous ne pouvez pas l'exclure !

LOUIS : Qui m'en empêchera ?

LA REINE MÈRE : Moi !

LOUIS : Alors, Madame, vous me forcerez à vous exclure vous aussi.

LA REINE MÈRE : Vous n'oseriez pas, Louis !

LOUIS : Mais si, ma mère, pour le bien du royaume, j'oserais. D'ailleurs voilà, c'est fait.

Le roi s'avance vers les dévots et traverse leur groupe d'un pas décidé.

LOUIS : Cousin, je vous apprends qu'à l'avenir la Reine et vous-même ne participerez plus au Conseil.

CONTI *(estomaqué)* : Sire !

D'un cri, la reine Anne rappelle son fils.

LA REINE MÈRE : Louis !...

Lentement, Louis se retourne. Sa détermination est affirmée.

LOUIS : J'ai vingt-deux ans, ma mère, et je suis votre Roi !

# IX

Dans le grand théâtre, le roi apparaît, costumé en Jupiter. Le décor est planté à même le sol. Il représente le palais de l'Olympe. Le public se tait avec respect. À la gauche de la reine mère se tient le prince de Conti. À sa droite, la reine Marie-Thérèse, mariée à Louis depuis un an. Attentif, Lully s'apprête à diriger la musique.

LULLY : Le Roi danse !

Lully lance la musique. Le roi lève une main et se met à danser. Lully encourage ses musiciens :

LULLY : Donnez la plus belle musique du monde au dieu Jupiter, Maître de l'Univers !

Pendant que le roi poursuit sa danse, un homme en noir (Robert Cambert) s'approche de Madeleine (vingt-cinq ans). Elle pâlit et se fige. Il lui parle d'une voix basse et tendue.

CAMBERT : Vous m'aviez donné votre parole, Madeleine... J'allais faire ma demande à votre père. Il l'attendait. Je croyais qu'il l'espérait comme vous...

MADELEINE : C'est le Roi qui le veut.

CAMBERT : Le Roi, ou Lully ? Ou vous ?

MADELEINE : Lully et le Roi c'est pareil, mon ami. Moi je ne suis rien.

CAMBERT : Le Florentin vous a tourné la tête comme il l'a fait du Roi...

Grand brouhaha. Cambert poursuit Madeleine dans les escaliers qui mènent vers la sortie du théâtre et où la foule s'écoule.

CAMBERT : C'est un monstre de vices, il trousse les garçons dans les coins, il va aux putains. Madeleine, vous êtes mienne ! Dois-je vous rappeler...

MADELEINE : Il le sait. Je lui ai tout avoué. Je pensais le dégoûter. Il a ri. Il semble que cela le pique de venir après vous. Quand le

Roi s'est marié, il y a six mois, le *signor* Lully s'est mis en tête de faire de même.

Ils sont arrivés au bas des escaliers. Arrivé sans bruit par le côté, Lully glisse son bras sous celui de Madeleine. Et avec son air insolent coutumier :

LULLY : Venez-vous, mon ange ?

Cambert s'interpose.

CAMBERT : Vous ne me la prendrez pas !

LULLY : Lâchez ce ton, Monsieur le surintendant de la Musique de la Reine Mère. Il paraît que vous parvenez à lui arracher des larmes. Bravo !... J'ai l'oreille du Roi, Cambert. Il aime ma musique. Je le fais danser. Quand il danse, il est un dieu. Mon soleil s'est levé avec celui du Roi. Et vous, avec toute la vieille cour, vous tomberez petit à petit dans l'oubli. Madeleine fait le bon choix.

Il embrasse Madeleine sur la bouche, et l'entraîne. Elle a les larmes aux yeux. Cambert se précipite. Son compagnon le retient fermement :

LE COMPAGNON : Non, de grâce, tenez-vous ! Ici, la faiblesse ne pardonne pas.

## X

Au son des violons, une petite troupe descend vers la plaine nue de Versailles, fouettée par le vent. En tête, le roi, visiblement ravi du grand air. Il marche d'un pas ferme et décidé. Juste derrière lui, Lully houspille ses violons. Puis viennent dames, seigneurs, arpenteurs, géomètres, laquais armés de longues perches et officiers de bouche. Les hommes agrippent leur chapeau, les femmes retiennent comme elles peuvent leurs jupes et l'échafaudage de leurs coiffures.

LOUIS : Monsieur Le Vau ! Monsieur Le Nôtre !

L'architecte et le jardinier accourent.

LOUIS : Je veux un jardin féerique, des parterres, des bassins, des fontaines, des forêts !

Il montre de la main l'horizon :

LOUIS : Tout doit se construire à partir de cette perspective.

Le Vau est atterré :

LE VAU : Plate, Sire... La campagne de Versailles est désespérément plate.

LE NÔTRE : Et le sol est un cloaque. Sur les collines il y a les arbres, mais là, partout, ce ne sont que marais.

LOUIS : La Nature se plie comme les hommes. Je le veux. Vous le ferez.

Conti et la poignée de dévots qui l'accompagne échangent des regards consternés.

LOUIS : Mettez mille, trois mille ouvriers s'il le faut, plantez des arbres adultes...

Le roi s'arrête. Il a les joues roses, les yeux brillants d'excitation. Il ne sent pas le froid qui transit sa suite.

LOUIS : Ici nous construirons un canal, large comme une mer, j'y ferai voguer des galères. Et les statues... Le Vau nous en reparlerons, les groupes dans les bassins

aussi. Là, nous construirons un labyrinthe
où me perdre avec qui rêve de me retrou-
ver. À côté, le théâtre de verdure pour les
pièces de Monsieur Molière qui me fera des
fêtes sans rivales...

Molière s'incline.

LOUIS : Molière, approchez! Il faut songer déjà aux divertissements, quelque
chose d'enlevé, de fringant. Voyez avec
Lully : il sait comment me plaire. Il me
chantera la musique, je vous dirai le
canevas. Écoutez-le...

Il montre Lully qui joue toujours :

LOUIS : Il mettra de la musique sur vos
mots comme il en met sur mes rêves, il
vous fera danser comme je vais faire danser ce marais, danser tout ce royaume.
Nous donnerons des bals comme personne
n'a jamais osé en rêver, des illuminations à
faire pâlir les étoiles! Nous chanterons la
vie, l'amour... Un reflet du Paradis d'avant
la faute...

Conti et les dévots se regardent, affreusement
choqués.

LE SECRÉTAIRE DE CONTI (*à Conti*) : Monseigneur, cela passe les bornes!

Louis se remet en chemin sans regarder où il marche. Il s'enfonce jusqu'aux chevilles dans une boue molle et noirâtre.

MARIE-THÉRÈSE : *Madre!* Il ne veut pas nous emmener dans cette vase?!

Soudain, Louis glisse et tombe dans un trou d'eau vaseuse. Il se cramponne aux touffes d'herbe. Lully et Molière se précipitent. Conti les écarte brutalement et tire le roi hors du trou.

# XI

Dans l'antichambre, c'est un fouillis de courtisans qui chuchotent avec des mines de complot, d'officiers de palais et de valets affairés. De la chambre voisine provient une violente toux. Lully est là aussi. Son angoisse est tangible.

Dans la chambre, le visage épuisé, rouge de fièvre, Louis est soutenu par deux valets. Une horrible quinte de toux le secoue et le tord. Le médecin du roi lui prend le pouls.

LE MÉDECIN : La fièvre monte toujours.

LOUIS : Les fenêtres ! J'étouffe !

LE MÉDECIN : Le vent souffle trop fort, Sire… On change votre lit, vous serez plus au frais…

LOUIS : Lâchez-moi !

Les valets tapissiers s'affairent. Parmi eux, on reconnaît Molière, premier tapissier du roi, qui jette des coups d'œil inquiets vers le monarque. On recouche le roi. Molière met en place les oreillers. Louis agrippe son bras.

> LOUIS : Molière… Vous travaillez à notre fête, n'est-ce pas ?

> MOLIÈRE : Oui, Sire…

> LOUIS : Nous allons tous les surprendre…

La toux lui coupe la parole. Molière se redresse lentement et s'efface, laissant place aux médecins qui se précipitent.

> LE MÉDECIN : Il faut saigner au pied.

> UN AUTRE MÉDECIN : On l'a déjà saigné trois fois…

> LE MÉDECIN : Les ventouses, alors ?…

Molière referme doucement la porte de la chambre du roi. Aussitôt, Lully s'approche.

> LULLY : Comment est-il ? Tu l'as vu ?

Molière hoche la tête d'un air sombre.

LULLY : C'est que je n'en puis plus, moi, d'attendre comme ça ! Moi, ils me refusent la porte depuis deux jours ! Il ne va pas passer au moins ?

La reine mère et sa belle-fille Marie-Thérèse traversent le couloir, accompagnées de laquais et de suivantes. Elles pénètrent dans la chambre du roi. Lully est affolé.

LULLY : S'il meurt, je perds tout ! Ce n'est pas possible, Dieu ne le permettra pas !

MOLIÈRE : C'est toi, Lully, qui parles de Dieu ?

LULLY : Quand j'ai besoin de Dieu, je suis très bon chrétien, c'est mieux que jamais chrétien du tout !

Molière le dévisage :

MOLIÈRE : Tu es une drôle de nature, toi.

Le cortège du Saint-Sacrement pénètre dans l'antichambre. Les courtisans se mettent à genoux. Molière et Lully, aussi.

LULLY : Non, pas lui !... Il ne peut pas

mourir... Il est jeune, il est fort. C'est un dieu. Il ne peut pas mourir, c'est un dieu...

Le cortège entre avec gravité dans la chambre du roi. Derrière vient le prince de Conti. Ce dernier, juste avant d'entrer, s'arrête et revient vers Lully qui se relève. Il jubile d'une haine triomphante.

CONTI : Quel contretemps, n'est-ce pas ? Fini de danser, *signor* Batista ! Demain, je vous ferai saisir par la peau de votre joli cul, et jeter hors de cette cour que vos singeries infectent !

La rage monte aux yeux de Lully. Il foudroie Conti du regard.

LULLY : Je t'encule, mon prince !

Il tourne les talons, laissant Conti bouche bée, et se met à courir. Molière ne peut masquer un semblant de sourire.

Lully court à perdre haleine vers son logis. Il bouscule tout ce qui gêne sa course.

LULLY : Place ! Place !

Il grimpe quatre à quatre les escaliers qui mènent à son appartement. Il croise une servante portant une bassine. Il la dépasse, sans même la regarder…

LA SERVANTE : Monsieur! Monsieur! Madame… Le bébé arrive!

Dans le couloir qui mène à ses appartements, une jeune fille (Julie) se précipite à sa rencontre, un tablier autour du ventre, le visage à l'envers et les boucles en désordre.

JULIE : Baptiste, hâtez-vous! Madeleine vous réclame, l'enfant se présente par le siège!

Madeleine est étendue dans un fauteuil, au centre de l'appartement, les jambes écartées, gémissant et criant sa douleur. La sage-femme et quelques servantes s'affairent autour d'elle. Lully déboule chez lui, en sueur et essoufflé, suivi de Julie.

LULLY : Occupe-toi d'elle. J'ai affaire.

Il se dirige vers le coin toilette. Julie est sidérée.

JULIE : Affaire?!

LULLY : *Il* a besoin de moi.

45

Il la plante là et disparaît derrière le paravent.
Il arrache sa veste. Il n'écoute rien. Madeleine
beugle comme si on l'égorgeait.

# XII

Habit chamarré, or et feu, perruque sur la
tête, teint poudré, yeux fardés, Lully finit de
s'habiller devant un grand miroir. Avec soin, il
se choisit un violon, le plus beau...

Écrasé dans son lit, Louis respire avec
des râles lourds, qui le font grimacer de douleur. Il reçoit l'extrême-onction des mains de
l'archevêque. Il manque recracher l'hostie, dé-
glutit avec peine, tousse, s'étouffe.
Les ministres du culte quittent la chambre
du roi. La reine mère s'approche du lit. Louis a
les yeux clos. Il serre faiblement la main de sa
mère.

LOUIS : Ne me laissez pas...

Elle lui essuie le front, caresse ses cheveux.

LA REINE MÈRE : Je suis là, Louis. Vous
devez songer à l'avenir du royaume. Votre

cousin Conti est là. Pour l'amour de Dieu,
parlez-lui.

D'une main faible, Louis fait signe à Conti de
se pencher :

> LOUIS : On vous recommande à moi de
> manière si pressante, mon cousin, je vous
> confie donc ce que j'ai de plus cher... ma
> mère et mon royaume...

Vêtu de son habit de lumière, Lully descend
la grande galerie menant aux appartements
royaux. Rien ne semble pouvoir l'arrêter.
Quatre musiciens le suivent. Il pénètre dans
l'antichambre, pleine de monde, bouscule les
courtisans, va jusqu'à la porte du roi, qui
reste close, et se campe devant elle. Il prend son
violon et se met à jouer, les musiciens font de
même et l'accompagnent.

La musique emplit la chambre comme une
vague. Louis se redresse faiblement.

> LOUIS : Ouvrez-lui... Ouvrez-lui...

Conti et la reine Anne échangent un bref
regard.

Les courtisans massés dans l'antichambre ont
formé un demi-cercle autour de Lully. Un silence
recueilli, bouleversé, s'installe. On n'entend plus
que cette musique divine.

Le roi est tombé dans sa prostration.

Chez Lully, Madeleine donne le jour à son enfant et Lully rythme de sa musique le cours des événements.

Madeleine crie. Julie la soutient. La porte s'ouvre doucement. Cambert apparaît. Il reste cloué sur place. Il n'ose pas entrer.

L'enfant braille. La sage-femme emporte le nouveau-né et Madeleine s'évanouit.

CAMBERT : Elle est morte!...

À la vue de Madeleine inanimée, Cambert se précipite vers elle. Julie tente de l'arrêter.

JULIE : Sortez...

CAMBERT : Elle est morte!... Elle est morte!... Madeleine!...

La jeune fille s'est emparée d'une fiole de vinaigre. Madeleine reprend conscience. Elle sourit en voyant Cambert porter l'enfant déjà emmailloté. Les larmes leur montent aux yeux. Julie participe à leur émotion. Ils rient tous les trois.

Cambert pose doucement le bébé sur le ventre de Madeleine qui sourit du merveilleux sourire des mères. Puis, pudiquement, il s'é-loigne...

Lully joue toujours, les yeux dans le vague. Il a les traits creusés, sa barbe a poussé. Il est assis sur un tabouret. Autour de lui, plusieurs personnes dorment, allongées à même le parquet, la tête sur leur bras, au milieu de bouteilles abandonnées et d'assiettes sales.

Le soleil se lève, flamboyant, sur le royaume... Molière s'est assoupi dans un coin de la chambre, sur ses couvre-lits de rechange. Soudain, il se redresse lentement. D'une voix faible, le roi murmure :

LOUIS : Ouvrez-lui... Ouvrez-lui...

Louis dort, un sourire aux lèvres. Le médecin s'approche du roi et lui touche légèrement le front.

LE MÉDECIN : ... C'est un miracle !...

Molière revient dans l'antichambre où Lully joue toujours. Il s'approche et lui glisse, avec un sourire de reconnaissance :

MOLIÈRE : Tu es un magicien, Baptiste...

Lully continue de jouer, il sourit de bonheur, ferme les yeux.

# XIII

Dans la salle à manger de Molière, on prépare le prochain spectacle. Les femmes cousent des costumes extravagants, collent des plumes sur des masques. Armande, la femme de Molière, vingt et un ans, berce son nourrisson.

Assis devant le clavecin, Lully se lève brutalement et s'adresse à Molière, qui, pour sa part, travaille dans un autre coin de la pièce.

LULLY : Non Molière ! Non ! Comment veux-tu, dans une même scène, faire parler l'un et chanter l'autre ?! On n'a jamais vu ça !

Molière se lève et vient vers lui.

MOLIÈRE : Imagine que Moron, dans cette scène, dise qu'il est si accoutumé à chanter, qu'il ne saurait parler autrement.

LULLY : Et alors ?

MOLIÈRE : Alors? Satyre lui répond en chantant...

LULLY : On donne d'abord la musique. Rien que la musique, toute la musique! Mais on ne mélange pas tout. Musique et paroles! Ils ne vont rien comprendre.

MOLIÈRE : Le spectateur peut tout comprendre, Baptiste, si on lui donne les règles du jeu et si on n'en change pas en cours de route!...

LULLY : Ahhh! non, non, non, non! Les mots et la musique ne se mélangent pas si facilement, Molière!

MOLIÈRE : Dès qu'on sort des sentiers battus, tu as peur. Pourquoi refuser de les unir! Pourquoi? C'est comme un dialogue, comme deux personnes qui cherchent à s'apprivoiser l'une l'autre...

LULLY : Ridicule! Ridicule! Ridicule! Le Roi ne va pas aimer!

MOLIÈRE : Pourquoi il ne va pas aimer? C'est toi qui es ridicule. De toute façon, on ne peut plus reculer, Baptiste.

# XIV

## *Nous sommes le 8 mai 1664*

Dans les jardins de Versailles, un théâtre de verdure, tout illuminé de milliers de bougies, accueille la représentation de *La Princesse d'Élide*. Lully dirige l'orchestre. La reine mère, de fort méchante humeur, se tourne vers le prince de Conti.

LA REINE ANNE : Savez-vous ce que les deux « saltimbanques » nous réservent ?

CONTI : Du pire, Madame, du pire et qui plaira fort, je le crains...

Chants et dialogues, théâtre et ballet s'enchaînent harmonieusement. Vivement amusé, le roi suit l'entrée de Moron (Molière) qui esquisse de manière caricaturale quelques maladroits pas de danse. Il est très grimé et porte un costume à la gloire des mots...

*La plupart des femmes aujourd'hui se laissent prendre par les oreilles ; elles sont cause que tout le monde se mêle de musique, et l'on ne réussit auprès d'elles que par les petites chansons qu'on leur fait entendre !*

*Il faut que j'apprenne à chanter pour faire comme les autres.*

*Bon, voici justement mon homme.*

Satyre fait son entrée en scène en chantant. C'est Lully. Il est habillé de notes de musique, la tête enserrée dans une mandoline.

### MOLIÈRE

*Ah ! Satyre, mon ami, tu sais bien ce que tu m'as promis : il faut que tu m'apprennes à chanter, je te prie.*

Lully et Molière se démènent comme de beaux diables. Leurs pitreries font beaucoup rire. Lully commence sa chanson... Il est interrompu.

### LULLY

*Dans vos ch...*

### MOLIÈRE

*Une chanson, dis-tu ?*

LULLY

*Dans vos ch...*

MOLIÈRE

*Une chanson à chanter.*

LULLY

*Dans vos ch...*

MOLIÈRE

*Oh, peste, une chanson d'amour !...*

LULLY

*Dans vos chants si doux,*
*Chantez à ma belle...*

MOLIÈRE (au roi :)

*Il est si accoutumé à chanter qu'il ne saurait parler autrement...*

Le rire du roi éclate, son plaisir est évident.

MOLIÈRE (à Lully :)

*Allons chante, je t'écoute.*

Molière s'approche de Lully pendant qu'il chante et lui glisse, à voix basse, dans son dos :

MOLIÈRE : Tu vois, c'est gagné...

LULLY

*... Chantez à ma belle,*
*Oiseaux, chantez tous*
*Ma peine mortelle,*
*Oiseaux, chantez tous*
*Ma peine mortelle...*

Dans l'assistance, Cambert aperçoit Madeleine. Leurs regards se croisent. La crainte se lit dans les yeux de la jeune femme, tandis qu'un long et profond murmure d'admiration parcourt la foule au spectacle du feu d'artifice. Sur la scène, les danseurs exécutent une entrée allègre au son des violons.

# XV

Madeleine fuit dans une allée où résonnent encore les applaudissements et les cris du public. Cambert la rattrape...

CAMBERT : Attends, Madeleine, attends ! Madeleine, je t'en prie, attends !

Il la prend par le bras et l'attire vivement contre lui.

CAMBERT : Madeleine, il peut ne pas être trop tard...

Il la couvre de baisers.

CAMBERT : Je ne sais pas comment votre front peut demeurer si pur. Je meurs de penser que Lully vous infecte, que vous pourriez devenir pareille à tous ces pourceaux. Pas vous, pas nous...

MADELEINE : Je ne puis défaire ce qui a été fait, Robert. Il est mon mari devant Dieu.

CAMBERT : Devant le Roi ! Par la grâce et la contrainte du Roi ! Dieu n'y était pour rien.

Cambert sort de sa poche une croix de diamants qu'il pose sur son décolleté.

CAMBERT : Portez-la. Elle vous protégera comme mon amour voudrait vous protéger. Je vous en supplie. Dieu est mon seul recours depuis que vous m'avez quittée.

MADELEINE : Je ne vous ai pas quitté, Robert...

CAMBERT : Réponds-moi, Madeleine : est-ce Baptiste, ou est-ce moi ?

Après un long silence, Madeleine l'embrasse doucement sur les lèvres.

MADELEINE : Il m'a fait deux fils, Robert, et je dors dans son lit...

Cambert recule lentement dans l'ombre.

CAMBERT : C'est toi qui l'auras décidé !...

Madeleine le regarde s'éloigner, les larmes aux yeux.

Dans une clairière proche du théâtre, la fête bat son plein. Les comédiens y ont établi leur campement. Lully danse avec la jeune Julie. Molière sautille un peu plus loin.

> LULLY : Tu es bien jeune pour fréquenter la Cour, coquine !

> JULIE *(taquine)* : Je suis un songe, Baptiste !… Un nuage !… Un ange…

> LULLY *(il la pince)* : Un petit démon, oui ! La seule qui me tienne tête chez moi ! Si tu n'étais pas la nièce de ma femme…

Plus tard, devant une immense table dressée, Lully et Molière, à présent réunis sous une arcade de fleurs, se prêtent au jeu qu'on leur dédie…

> JULIE : En ma qualité de prêtresse des arts, vierge attestée, je vous convie à vous recueillir pour la célébration des épousailles du théâtre et de la musique. Jean-Baptiste Molière, tapissier du Roi, auteur et comédien, voulez-vous prendre et recevoir en vrai et loyal mariage Jean-Baptiste Lully, surintendant de la Musique du Roi,

pour l'aimer et le chérir, lui prêter secours et assistance jusqu'à ce que la mort vous sépare ?

Drapé dans sa longue cape noire, Cambert apparaît soudain au milieu du groupe. On dirait un spectre. Il pointe un doigt vengeur vers les comédiens.

CAMBERT : Baptiste Lully est un usurpateur, un sodomite et un suppôt de Satan !

Instant de stupeur. La petite troupe est stupéfaite.

CAMBERT : Et Molière, un libertin incestueux, marié à sa propre fille...

Il désigne Armande, qui pâlit.

CAMBERT : ... Tout le monde le sait ! La main du Roi les protège, mais le doigt de Dieu ne les épargnera pas. Les œuvres qui naîtront de leur union monstrueuse seront vouées aux flammes. Il n'en restera rien.

Il crache.

# XVI

Comme un reproche aux débauches de la nuit, une procession de dévots en cape noire traverse la forêt qui s'éveille. Les dévots suivent un prêtre qui porte le Saint-Sacrement dans un spectaculaire ostensoir en forme de soleil ; des enfants de chœur sonnent des cloches d'argent et répandent de l'encens.

Au passage de la procession, Lully et Molière s'agenouillent, mais la révolte de Molière ne peut être retenue et éclate :

MOLIÈRE : «Que peut-on voir de plus odieux que ces francs charlatans, que ces dévots, qui se jouent de ce qu'ont les mortels de plus saint et sacré...»

LULLY : Le Roi n'ose pas affronter sa mère de front. Il se sert de toi. C'est toi qui vas prendre tous les risques.

MOLIÈRE : Je sers le Roi, Baptiste. Il veut qu'on dise les mots que nous dirons tout à l'heure sur la scène et que je m'amuse à répéter :

« *Ces gens qui, par une âme à l'intérêt soumise*
*Font de dévotion métier et marchandise;*
*Ces gens qui achètent crédits et dignités*
*À prix de faux clins d'yeux et d'élans affectés...* »

Ils suivent de loin la procession, et Molière, de plus en plus haut, continue à réciter son texte.

LULLY *(s'interposant)* : ... Les dévots sont nombreux, Baptiste, leurs protecteurs puissants et haut placés. Tu es fou.

Molière poursuit avec une sorte de provocation.

MOLIÈRE : « ... Ces gens qu'on voit, par le chemin du ciel, courir à leur fortune, brûlants et priants, sachant ajuster leur zèle avec leurs vices; d'autant plus dangereux qu'ils assassinent avec un fer sacré et prennent des armes qu'on révère... »

LULLY : Nous sommes les instruments, les bras, Baptiste. Les instruments on les casse, les bras on les coupe...

Tandis que la procession s'éloigne dans un chemin forestier, Molière retourne vers Lully :

MOLIÈRE : Froussard ! Maintenant qu'il faut vraiment cracher au nez des vieilles barbes pour de bon, tu ne trouves plus de salive...

# XVII

Sur la scène du théâtre de verdure, la cour, attentive, assiste à la première représentation de *Tartuffe*. Les spectateurs reçoivent de plein fouet les répliques les plus percutantes de la pièce. Ces répliques au vitriol font rire le roi et la jeune cour.

> Dorine vient d'entrer.
> Tartuffe tire un mouchoir de sa poche.

### TARTUFFE

*Ah ! mon Dieu, je vous prie,*
*Avant que de parler prenez-moi ce mouchoir.*
*(...) Couvrez ce sein que je ne saurais voir :*
*Par de pareils objets les âmes sont blessées,*
*Et cela fait venir de coupables pensées.*

### DORINE

*Vous êtes donc bien tendre à la tentation,*
*Et la chair sur vos sens fait grande impression !*

Dans un coin du théâtre, Lully suit la pièce avec angoisse. Le roi s'amuse. Il prend plaisir à sa revanche. Conti est sur des charbons ardents. Il malmène son chapelet comme Tartuffe le fait sur la scène.

Quant aux dévots, ils ne se départent pas de leurs mines sombres et renfrognées.

DORINE

(…) *Et je vous verrais nu du haut jusques en bas,*
*Que toute votre peau ne me tenterait pas.*
(…) *Madame va venir dans cette salle basse,*
*Et d'un mot d'entretien vous demande la grâce.*

Dorine s'en va.

La reine mère est extrêmement pâle. Elle cache mal la fureur qui l'envahit.

LA REINE MÈRE : Sans doute suis-je désormais trop âgée pour apprécier les fines plaisanteries de Monsieur Molière ; mais je vois bien qu'il se moque de ceux que la dévotion conduit à Dieu…

Elmire entre.

Que le Ciel à jamais par sa toute bonté
Et de l'âme et du corps vous donne la santé.
(...) Comment de votre mal vous sentez-vous
   remise ?

ELMIRE

Fort bien ; et cette fièvre a bientôt quitté prise.

TARTUFFE

Mes prières n'ont pas le mérite qu'il faut
Pour avoir attiré cette grâce d'en haut ;

ELMIRE

Que fait là votre main ?

TARTUFFE

Je tâte votre habit : l'étoffe en est moelleuse.

ELMIRE

Ah ! de grâce, laissez, je suis fort chatouilleuse.

TARTUFFE

Mon Dieu ! que de ce point l'ouvrage est mer-
   veilleux !
On travaille aujourd'hui d'un air miraculeux ;
Jamais, en toute chose, on n'a vu si bien faire.

(…) *C'est que vous n'aimez rien des choses de la*
    *terre.*

Lully ne quitte pas des yeux Louis, qui, les
yeux brillants, semble jubiler. Derrière la reine,
plusieurs dévots complotent.

### TARTUFFE

*Mon sein n'enferme pas un cœur qui soit de*
    *pierre.*
(…) *L'amour qui nous attache aux beautés éter-*
    *nelles*
*N'étouffe pas en nous l'amour des temporelles;*
*Nos sens facilement peuvent être charmés*
*Des ouvrages parfaits que le Ciel a formés.*
(…) *Et je n'ai pu vous voir, parfaite créature,*
*Sans admirer en vous l'auteur de la nature* (…)

Le roi dissimule un rire derrière sa main.

### ELMIRE

*La déclaration est tout à fait galante,*
*Mais elle est, à vrai dire, un peu bien surpre-*
    *nante.*
(…) *Un dévot comme vous, et que partout on*
    *nomme…*

*Ah ! pour être dévot, je n'en suis pas moins homme ;*
*Je sais qu'un tel discours de moi paraît étrange ;*
*Mais, Madame, après tout, je ne suis pas un ange ;*
*Et si vous condamnez l'aveu que je vous fais,*
*Vous devez vous en prendre à vos charmants attraits.*

Soudain, comme des militaires partant pour le combat, Cambert et les dévots s'agenouillent à même le sol, baissent le front et joignent les mains.

*ELMIRE*

*(...) N'appréhendez-vous point que je ne sois d'humeur*
*À dire à mon mari cette galante ardeur, (...)*

*TARTUFFE*

*Je sais que vous avez trop de bénignité,*
*Et que vous ferez grâce à ma témérité,*
*(...) Et considérerez, en regardant votre air,*
*Que l'on n'est pas aveugle, et qu'un homme est de chair.*

À genoux, les dévots marmonnent leurs prières. Leurs voix tentent de couvrir celles des comédiens. Livide, la reine mère se lève brutalement. Louis ne cache pas son agacement.

LOUIS : Rasseyez-vous, Madame. Cessez, je vous prie, ce scandale.

LA REINE MÈRE : Ce sont vos façons, vos protégés... votre vie, qui font scandale, Sire, et de ce scandale Dieu vous demandera compte!

LOUIS : Je m'arrangerai avec Lui.

Horrifiée par cette réponse, la reine mère quitte le théâtre, suivie par les évêques, les cardinaux et Conti.

# XVIII

Assise au bout de la grande table, dans l'imposante salle du Conseil, la reine mère rassemble une patience. Elle masque mal sa rage. Rassemblés autour d'elle, Conti, un archevêque et plusieurs dignitaires ecclésiastiques la guettent du coin de l'œil. Louis est debout, seul de l'autre côté de la table.

LA REINE MÈRE : Sans le secours des valeurs sacrées, il n'est pas de règne qui tienne, Louis. Vous êtes le fils aîné de l'Église, et je ne veux pas que vous en soyez le fils honteux !

LOUIS : Molière, Madame, est un bon serviteur, et sa pièce n'était qu'une farce, qui en a fait rire plus d'un et qui ne m'a pas déplu.

LA REINE MÈRE : Entre le Christ et un valet bouffon, vous choisissez le bouffon ? Non,

Louis! Tant que je serai là, rien ne se fera contre ceux qui ont pour tâche de veiller au progrès de la dévotion.

UN ECCLÉSIASTIQUE : Molière est un démon. Un démon vêtu de chair et habillé en homme, le plus vil pécheur que la terre ait jamais porté!...

UN AUTRE : Il faut qu'il fasse pénitence publique et solennelle de sa poésie licencieuse et irréligieuse.

L'ARCHEVÊQUE DE PARIS : Sire, songez aux conséquences. L'Église, unanimement, a condamné cette pièce.

LOUIS : L'Église n'a pas mission de dicter les choix du Roi de France!

L'ARCHEVÊQUE : Le théâtre, vous en conviendrez, Sire, n'a pas à juger l'Église ni ses plus ardents défenseurs.

LA REINE MÈRE : Louis, c'est Molière ou la guerre du haut clergé. Une autre Fronde, c'est ça que vous voulez? Irez-vous contre la voix de Dieu?

Louis est exaspéré. Un lourd silence pèse...

# XIX

Cette nuit-là, il pleut à verse. Dans une petite rue de Paris, boueuse et détrempée, Lully court vers la maison de Molière. Il dégouline de pluie et se protège comme il peut sous une partition. Il frappe avec force à la porte.

Armande le fait entrer. En silence, Lully la serre contre lui. Elle est pâle, elle a les yeux rougis de larmes et d'insomnie.

Les pièces sont illuminées de bougies. Molière sort d'une chambre, méconnaissable, livide et épuisé lui aussi. Il tombe dans les bras de Lully en réprimant mal ses sanglots.

LULLY : Armande est jeune... Vous aurez d'autres petits... Ma mère en a perdu trois, il lui en reste encore quatre.

Ils pénètrent dans la chambre. Encadré de bougies, un petit berceau est recouvert d'un voile blanc. Une dame âgée veille le petit mort.

Armande va s'asseoir en face d'elle. Lully se signe. Puis, après un instant de recueillement :

LULLY : Mon ami... Il y a pire, peut-être...

Molière se retourne vers lui, les larmes aux yeux.

LULLY : Le Roi a interdit ta pièce. Il a interdit *Tartuffe*.

MOLIÈRE : C'est pourtant lui qui me l'avait commandée, cette pièce...

LULLY : La coterie de la reine mère a triomphé. Il fallait sacrifier quelqu'un.

MOLIÈRE : Je lui en avais lu des passages ; il les avait tous repris les uns après les autres. Il ne me trouvait pas assez sévère.

Ils vont pour sortir.

LULLY : Le parti de la vieille cour a pris les armes. C'est le Roi qu'ils visent à travers toi. Quand le Roi sera en position de museler les dévots, quand en France il n'y aura d'autre pouvoir que lui, il imposera ta pièce.

Armande se relève lentement, épuisée... Elle s'agenouille devant le berceau et éclate en sanglots.

Lully entraîne Molière dans une large avenue bordée d'arbres. Il parle avec feu, le saoule de paroles, comme pour tenter de lui faire oublier son malheur.

LULLY : Tu vois le danger des mots ? Moi, par la musique, je peux tout dire. Mais sans risque ! Rien qu'on puisse me reprocher ! Regarde-moi ! L'échec, je ne connais pas, même le mot, je ne comprends pas. Oui, c'est le froussard qui te dit ça ! La peur, mon bon, ça donne du cœur ! des ailes ! ça fait courir plus vite que le vent ! Oui, j'ai peur, j'ai toujours eu peur, depuis le premier jour où j'ai mis le pied à la cour avec mon violon de trois sous ! Peur de perdre le Roi, d'être renvoyé en Italie, de n'avoir plus personne pour qui écrire ma musique, personne à faire danser. C'est parce que j'ai peur que je réussis...

Ils arrivent dans la cour d'un hôtel particulier où attendent quelques laquais portant des flambeaux.

Lully et Molière pénètrent dans un bordel à la mode. Ambiance orgiaque mais d'un grand raffinement. Des gens fort peu vêtus les dépassent, venant des cuisines, portant vivres et boissons. Des couples dansent et rient. D'autres flirtent sur un sofa. Des groupes sont installés devant des tables de jeu. Une jeune femme nue joue du clavecin.

LULLY : La musique c'est la reine, c'est avec elle qu'il faut marier le Roi. Je vais lui écrire de la musique de fée, et toi, tu me mettras du conte. *Dessous* ma musique, Molière, je suis bien clair, sinon je ne marche plus ! Pas de message explicite, de coup de patte, de coup de dents !... Notre art est un outil politique efficace par sa grâce, par l'émotion qui retourne le spectateur comme une peau de lapin sans qu'il s'en aperçoive.

Une soubrette, seins nus, s'approche d'eux et offre un verre de vin à Molière. Perdu dans ses pensées, il l'accepte machinalement, puis le repousse aussitôt, atterré.

MOLIÈRE : Je ne sais pas... Je ne peux pas...

Il se lève et va pour partir. Lully tente de le retenir.

LULLY : Si, tu peux ! Viens, Baptiste. Il faut vivre ! Notre vie est une scène, tu le sais bien.

Il tend la main à Molière, qui recule vers la porte, le visage à l'envers.

LULLY : Sinon la mort te prendra, toi aussi ! Baptiste, viens avec moi ! Crachons au cul des dévots, de la reine mère, du Roi, si ça te chante…

Molière se détourne et se sauve. Lully hausse les épaules, déçu.

LULLY *(dans un soupir)* : *Poverino…*

Comme un démon, chemise ouverte, Lully s'est mis à jouer du violon. Il parcourt les salons décorés de statues humaines imitant le marbre et figurant les personnages de l'Olympe.

Par une ouverture dans un miroir, un homme masqué l'observe. C'est Cambert. Derrière lui, trois « malabars », masqués eux aussi. Lully s'est approché d'un jeune garçon qu'il entreprend de séduire. Il l'embrasse à pleine bouche. Cambert alors se tourne vers ses complices. Il leur donne un signal.

# XX

Lully grimpe les escaliers déserts de son hôtel. Il pénètre chez lui, défiguré par l'angoisse, et court s'enfermer dans le salon de toilettes. Il arrache ses chausses raides de sang séché. Alertée par le bruit, Madeleine pousse la porte.

MADELEINE : Qu'est-ce que tu as fait !...

Avec fébrilité, Lully ôte ses vêtements ensanglantés, sans la regarder, sans répondre.

MADELEINE : Baptiste, qu'est-ce que tu as fait ?

LULLY : Si au moins je le savais ! J'ai beau chercher, pas le moindre souvenir... Aucun...

MADELEINE : Oh, mon Dieu !

LULLY : Ah! Ne me parle pas de celui-là, je t'en prie!

MADELEINE : Tu as bu…?

LULLY : Oui, et le reste, comme d'habitude… Je ne sais plus, je ne vois plus clair… Le page du marquis, beau comme une fille, bien mieux qu'une fille…

Il fait mine de trancher sa gorge.

LULLY : … Zcouic!… Là, sur mes cuisses, ce matin, avec sa gorge ouverte!

Lully regarde avec horreur son corps maculé et se frotte fébrilement pour enlever le sang.

MADELEINE : Tu l'as tué???…

Suffoqué par ce soupçon, Lully murmure :

LULLY : Tuer? NON! Non, Madeleine, non…!

Madeleine s'est approchée. Ses yeux scrutent ceux de son époux :

MADELEINE : Si c'est toi, tu dois me le dire…

Tandis que Lully reste silencieux, Madeleine, avec frayeur, comprend le piège où est tombé Lully :

MADELEINE : Ce sont les dévots! Ils ont frappé Molière, et maintenant c'est toi. Ils iront jusqu'au bout, ils veulent salir le Roi au travers de *sa* musique! Il faut partir, Baptiste. Lave-toi, je vais commander d'atteler.

Lully la retient.

LULLY : Non! En dehors de lui, je ne suis rien. Ma raison d'être, c'est lui...

Lully prend sa main serrée sur le linge, la plonge dans la cuvette pleine d'eau et, sans la lâcher, il commence à se laver. Madeleine, résignée, regarde sa main instrumentalisée qui frotte les taches de sang sur le corps nu.

LULLY : ... Mon talent n'a de sens que par lui... Je ne peux pas le quitter...! Je te demande pardon, Madeleine. Ton cœur est à un autre, je le sais. Mais moi, qu'est-ce que j'ai fait pour te gagner à moi...

Il se penche et l'embrasse avec une immense tendresse. Elle relève vers lui un visage lumineux :

MADELEINE : Je suis là, Baptiste. Quoi que tu fasses, je serai toujours là. Je suis ta femme. Je porte tes enfants, je soutiens ta maison et ta réputation. Je n'ai plus d'heure qui ne te soit dévouée. Tu remplis ma vie, tu es devenu ma vie...

Elle l'embrasse et se serre contre lui.

# XXI

Dans la salle de danse du Palais-Royal, une répétition se prépare. La main de Louis esquisse un mouvement. Le bras suit, puis, à leur tour, la tête et le regard s'animent. La musique naît doucement... Le roi danse seul, divin. Lully dirige les musiciens, mais son regard est fixé sur Louis. Le roi, quant à lui, évite de le regarder.

Dans la chambre de la reine mère, au même moment, les médecins s'apprêtent à opérer. La reine est assise dans un fauteuil large et haut. Elle a le visage livide, amaigri, les yeux cernés agrandis par la peur. Son médecin personnel se penche et, avec respect, dégrafe sa robe pour lui découvrir le sein. Elle ferme les yeux. Le médecin fait la grimace.

LE MÉDECIN : Le mal est tenace... Ce que nous avons découpé hier et avant-hier s'est presque reformé.

Il se penche et farfouille du bout du doigt.

LE MÉDECIN : Mais pas de pourriture...

Il renifle.

LE MÉDECIN : ... La plaie est saine. Avec l'aide du Ciel et de votre courage, Majesté, nous en viendrons à bout.

Ailleurs, la musique retentit. Les violons jouent. Lully fait danser le roi. Souplement, dans un mouvement circulaire, les danseurs dansent autour de lui. Dans un mouvement de gravitation, les groupes s'éloignent, se rapprochent, tournent sur leur propre axe et tout autour du roi.

Derrière la reine mère, le chirurgien prépare ses instruments. La chambre est encombrée de tables recouvertes de linges, d'écuelles et de cuvettes en or. Le chirurgien se retourne, son bistouri dans une main, une coupelle dans l'autre.

LE CHIRURGIEN : Je demande pardon à Votre Majesté pour les douleurs que je vais lui causer... Je trancherai mince ce soir... Serrez l'éponge.

La dame d'honneur de la reine, les larmes aux yeux, met entre les dents de sa maîtresse une éponge imbibée d'alcool fort.

Le visage tendu, concentré, Louis poursuit sa danse tandis que, gémissante, la reine subit l'opération au milieu des prières. Sa tête repose sur un immense oreiller posé sur un meuble haut, placé près d'elle.

Soudain, dans un cri d'exaspération, Louis fait signe qu'il veut arrêter. La musique cesse, les danseurs s'immobilisent. Louis s'adresse d'une voix autoritaire à Beauchamp, son maître à danser :

LOUIS : Il faudra revoir le mouvement des planètes, Beauchamp. Les planètes ne frôlent pas le Soleil. Elles se tiennent à distance respectable, elles le laissent rayonner. Le propos est de souligner l'éclat du Soleil, pas de l'étouffer. De l'air, Beauchamp ! De l'air !

Tandis que les danseurs quittent la salle à reculons, Lully s'approche du roi et lui présente une serviette. Louis la prend sèchement et s'essuie le front. Un court silence s'installe, tendu, lourd de menaces. Lully entrevoit le danger qui risque de le faire tomber. Il reste au même endroit, immobile, les yeux fixés sur le roi.

LULLY : Sire, vous m'en voulez... mais je n'ai rien fait de mal, rien de tout ce qu'on prétend, et pour l'autre nuit...

LOUIS : Je ne veux rien connaître de l'autre nuit. Mais j'exige que tu changes de façon, tu m'entends. Sais-tu le châtiment qu'encourent les sodomites?...

LULLY : Sire, je suis marié et père.

Furieux, Louis lui jette la serviette à la tête.

LOUIS : Je le sais que tu es marié. Merci, épargne-moi cette musique-là !

Très vite, le roi reprend tout son contrôle.

LOUIS : Ta femme a bien du mérite de te garder, et moi aussi. Mesure ta chance à l'aune de ton talent !

Le Roi reprend la canne qu'on lui tend et s'apprête à sortir.

LULLY : Je croyais que nous étions amis...

Louis se retourne, très lentement, et après un long silence :

LOUIS : ... Je n'ai pas d'amis !

Ils se toisent un moment, en silence.

LULLY : Moi, devant vous, je suis toujours le même...

Lully regarde Louis, et Louis, dans ce regard, lit ce qu'il ne veut pas savoir. Avec un petit rire cinglant, il revient vers Lully.

LOUIS : La musique incarne l'harmonie universelle. Et à ce titre elle a un rôle politique à jouer dans l'ordre que je veux instaurer. Elle me sert. Elle sert l'État et Dieu. Le surintendant de ma Musique ne se conduit pas comme un jean-foutre ! La France doit avoir la plus belle musique d'Europe, et la plus estimable...

# XXII

Précédé de sa garde, Louis monte les escaliers qui mènent aux appartements de sa mère. Il entre dans la chambre du pas d'un homme pressé. Devant le spectacle qu'offre sa mère, son élan se brise net. Allongée sur son lit, Anne d'Autriche égrène son rosaire. Elle fait signe au prêtre et au chapelain de s'éloigner. Louis s'agenouille dans la ruelle du lit et lui prend la main.

LOUIS : Mon Dieu… Madame, vos médecins disaient qu'ils vous soignaient, que le mal régressait…

LA REINE MÈRE : Ils m'ont découpé le sein jusqu'à l'os. La tumeur semblait vaincue. Pourtant, vous voyez… Je m'en vais, Louis. Ne bougez pas, écoutez-moi. Je crains pour le royaume. J'ai très grande peur pour vous. Le salut de vos peuples dépend du vôtre. Vous ne les sauverez pas si vous vous perdez.

LOUIS : Je ne me perds pas, ma mère. J'achète mes ennemis d'hier par les plaisirs que ma cour leur procure. Rassemblés autour de moi, appliqués à me plaire, ils ne songent plus à comploter.

LA REINE MÈRE : Non, Louis. Ce sont *vos* plaisirs que vous cherchez, et *votre* gloire…

LOUIS : Nous avons plusieurs fois débattu sur ce point, Madame. Ne nous querellons plus…

LA REINE MÈRE : Jurez-moi que vous vous amenderez. Je ne peux supporter celui que vous devenez. Jurez-le, Louis, je ne veux pas mourir dans l'angoisse où vous me jetez.

LOUIS : Je ne veux rien vous promettre que je ne puisse tenir.

LA REINE MÈRE : Louis, vous ne m'aimez pas !

Les yeux pleins de larmes, Louis pose son front sur le ventre de sa mère.

LOUIS : Ne me demandez pas de me renier… Vous m'avez toujours critiqué, toujours combattu. Quand vous ne pouvez m'atteindre directement, vos amis et vous-même, vous vous attaquez à ceux qui me servent, et qui le font bien. Toujours dure, sévère, le reproche aux lèvres, brandissant le nom de Dieu comme un fouet au-dessus de ma nuque. Je n'ai jamais trouvé chez vous ni réconfort, ni soutien, ni tendresse. Vous ne m'avez laissé aucun loisir de vous aimer comme je l'aurais voulu...

Soudain, la reine a un sursaut. Pris de panique, Louis se redresse. Le prêtre, le chape-lain, le médecin se pressent autour du lit. On cache les yeux du roi. On le tire à reculons dans la garde-robe contiguë. La reine a un dernier cri :

LA REINE MÈRE : Souvenez-vous de Dieu, Louis...

Dans la salle voisine, Louis hurle son déses-poir.

# XXIII

Dans le glas des tambours recouverts de crêpe noir, Louis pénètre dans la chapelle. Il est en tenue de grand deuil, très pâle, d'une dignité et d'une force extrêmes. À son passage, on s'incline avec respect, certains s'agenouillent à même le sol. Il semble que ce soit à lui et non plus à Dieu que les prières s'adressent.

Plus tard que tout le monde, Conti finit aussi par s'agenouiller devant son roi.

Lully entonne le *Dies Irae*, tandis que Louis s'effondre sur son prie-Dieu. Son visage est bouleversé.

Soudain, Lully blêmit. Il aperçoit Cambert au milieu de la foule. Il fixe longuement le dévot. Des images lui reviennent en mémoire. Les événements de la nuit du crime s'éclairent brutalement.

Alors, tout va très vite. Quittant son orchestre, Lully fend les rangs des courtisans, s'arrête devant Cambert et, d'un coup de tête sur le front, l'envoie au sol sans autre forme de procès.

# XXIV

*En cette année 1667,*
*Louis achève le siège de Lille*

Installés au sommet d'un tertre, dominant le champ de bataille, qu'on ne voit pas, les peintres du roi s'apprêtent à mettre la dernière main aux tableaux destinés à vanter les hauts faits de guerre du roi vainqueur. Louis approche. Son état-major et sa musique le suivent. Il est cuirassé, ainsi que Lully qui rythme la progression royale sur une paire de tambours.

Le roi et sa suite s'immobilisent sur la butte. Les tambours se taisent. Le silence se prolonge. Tout le monde est en attente. Soudain, dans un geste solennel, Louis tend son bâton de commandement en direction de l'ennemi. C'est le signe : Lully actionne la musique ; les peintres tournés vers le monarque s'appliquent à parfaire son attitude ; les autres peignent le spectacle qui s'offre au roi : un champ de bataille éventré et, au-delà, les murailles d'une ville, que les troupes françaises assiègent.

# XXV

Dans sa tente de campagne, Louis travaille. Il est interrompu par l'entrée d'une femme toute vêtue de rouge. C'est Mme de Montespan. Elle a vingt-deux ans. Elle fixe le roi dans les yeux, arrogante et sublime. Louis XIV vient à elle. Relevant le défi de ce regard, il déchire son corsage et prend ses seins à pleines mains.

Dehors, Lully se mord les lèvres... D'une main, il dirige ses musiciens. De l'autre, il garde entrouvert un pan de la tente pour observer ce qui s'y passe.

Louis porte la Montespan vers le lit. Il soulève la jeune femme et, lentement, la hausse au-dessus de lui. Il la tient, comme un danseur sa partenaire. Ses muscles saillent, se raidissent.

LOUIS : Ma déesse...

Les muscles des avant-bras de Louis commencent à trembler. La Montespan le défie.

LA MONTESPAN : Qui monte au firmament doit savoir y rester...

LOUIS : Nous saurons...

Leurs regards ne se quittent pas. Ils continuent de se fixer dans une extrême tension érotique, puis il la redescend doucement et la bascule sous lui. Dehors, Lully respire trop vite. Ses yeux brillent de fièvre. À travers la musique, on entend la Montespan gémir de plaisir... Lully n'y tient plus. Il plante là ses musiciens et fuit le spectacle qu'il ne peut supporter.

Au grand galop de son cheval, Lully déboule comme un fou sur le champ de bataille dévasté. Son cheval, effrayé, se cabre. Lully le pousse en avant. Pris d'une rage aveugle, il se met à tourner au milieu des morts qui jonchent le sol et frappe de son sabre les monceaux de cadavres épars.

# XXVI

## *En cette année 1670,*
## *la fortune du règne s'est consolidée*

Le roi répète une suite de pas difficiles. Les portes de la salle de danse s'ouvrent largement sur la perspective des jardins. Louis échoue à plusieurs reprises, s'énerve, repousse son maître à danser et fait signe à Lully de le faire reprendre lui-même. Avec une sorte de rage, il reprend toujours les mêmes pas... Le sang lui monte au visage.

Molière, qui assiste à la répétition, est pris d'une quinte de toux. Le roi se retourne et le foudroie du regard.

Soudain, il fait un faux mouvement. Il prend sur lui, Louis ne veut rien laisser paraître. Il souffre. Son visage est crispé, il transpire abondamment. Il s'emporte contre Molière qui ne peut réprimer une nouvelle quinte de toux :

LOUIS : Sortez, Molière ! D'ailleurs, que tout le monde sorte !

Sur un geste de Lully, Beauchamp s'incline, et s'éclipse à son tour. Louis se laisse tomber dans le fauteuil que Lully fait amener. Il reprend lentement sa respiration et cache son visage dans ses mains. Lully s'agenouille aux pieds du roi, lui ôte d'autorité sa chaussure; le pied est laidement gonflé.

LULLY : Voulez-vous, Sire, que je fasse appeler votre médecin?

LOUIS : Non! Personne!

Lully tente de lui masser le pied.

LULLY : Ce mouvement est trop rapide. Personne ne peut danser cela.

LOUIS : Mon maître de danse le peut. Moi aussi.

Il lui ôte son pied.

LOUIS : Laisse-moi. Laisse-moi.

Sur le visage du roi se lisent l'angoisse et le doute.

# XXVII

Traversant les rangs des courtisans, le souffle rauque, lancinant, le roi parcourt l'allée de verdure qui mène au théâtre. Il est couvert de poudre d'or et porte devant son visage un masque représentant le soleil. C'est Apollon. Il marche tendu, imperturbable, comme un pharaon.

Lorsqu'il débouche dans l'espace théâtral, un grand silence se fait. Les spectateurs s'inclinent avec respect. Molière commente l'entrée du roi et déclame :

*MOLIÈRE* (pour le roi :)

*Je suis la source des clartés,*
*Et les astres les plus vantés,*
*Dont le beau cercle m'environne,*
*Ne sont brillants et respectés*
*Que par l'éclat que je leur donne.*

Lentement, Louis prend ses marques sur une scène dressée au pied des fontaines. Autour de lui, quatre chevaux couchés. Lully lance la musique.

      *MOLIÈRE* (pour le roi :)

> *Ouvrons tous nos yeux*
> *À l'éclat suprême*
> *Qui brille en ces lieux.*
> *Quelle grâce extrême !*
> *Quel port glorieux !*
> *Où voit-on des dieux*
> *Qui soient faits de même ?*

En même temps qu'il donne son texte, Molière voit l'angoisse où est Louis. Les yeux du roi se tournent vers Molière, dont il sent le regard peser sur lui. Son regard s'embue, son pied se tord une fraction de seconde… Le public réagit fortement. Les chevaux se dressent et se cabrent. Un ambassadeur se penche vers son voisin et murmure :

    L'AMBASSADEUR : Tiens ! On dirait que l'État vacille !

Puis, après un silence :

    L'AMBASSADEUR : Personne n'est Dieu sur cette terre…

# XXVIII

Dans l'appartement de Lully, c'est un cata-
clysme ! Avec une fébrilité de dément, le musicien attrape tout ce qui lui tombe sous la main,
renverse pêle-mêle des partitions, des archets,
des violons, des encriers, des bougies. Julie et
Madeleine le regardent faire, pétrifiées. Les
enfants aussi...

Déterminé, Lully marche à grands pas vers
une rivière en buvant du vin. Molière l'accompagne.

MOLIÈRE : Il a trente-deux ans, tu comprends... Il voulait que tu lui fasses un
corps d'airain, comme celui de ses statues.
Et voilà que la nature le rattrape. Il vieillit,
Baptiste. Il a manqué s'évanouir en dan-
sant sa partie. Il sait que tu ne feras jamais
plus de lui le meilleur. Et cela, il ne peut
pas le supporter.

LULLY : Il n'a jamais renoncé. Il ne peut pas renoncer. Me rendre fou, me tuer, c'est ça qu'il veut… ?

Lully tend à Molière l'outre contenant du vin.

LULLY : Bois! Bois! Tousse et crève, je vais crever, tu dois crever aussi! Là! Du vrai vin qui tue bien!

Molière hésite, puis boit au goulot.

MOLIÈRE : Il exigeait que tu le rendes admirable sur la scène de sa cour comme il l'est sur la scène guerrière. Il voulait que tu le pousses jusqu'à cette perfection idiote qu'il aime atteindre en tout.

LULLY : Bois! Je me moque de ton médecin et de ton poumon, de ton foie, de ta rate!

Lully poursuit sa marche. Il descend vers la rivière et commence à se déshabiller.

LULLY : Il y a autre chose, je le sais!

MOLIÈRE : Et quoi?

Lully lui jette un regard aigu.

LULLY : Toi qui connais si bien le cœur des hommes, tu ne l'as pas deviné ?

MOLIÈRE : Je vois surtout que tu te poses les mauvaises questions. L'important n'est pas de regarder sous le pourpoint du Roi...

À présent torse nu, Lully entre dans l'eau. Il fait la grimace, la trouvant glaciale.

MOLIÈRE : ... L'important est de décider ce qui remplacera le Ballet royal. Alors nous, nous faisons quoi ? Pour chanter Louis, pour le magnifier, pour le servir, nous faisons quoi ?

Lully revient sur la berge pour entraîner Molière.

LULLY : Je te l'ai dit. Nous nous jetons ensemble dans cette eau. Avec le vin, ce sera moins froid ! *Andiamo !*

Molière se décide soudain, dépasse Lully et entre dans l'eau, tout habillé.

MOLIÈRE : *Andiamo !*

Lully est sidéré par la détermination apparente de Molière.

LULLY : Mais attends-moi… Tu sais nager, au moins ?…

Molière se retourne.

MOLIÈRE : Non !

Il éclate de rire. Lully aussi.

# XXIX

Lully compose. Les portées se noircissent de notes. Un sourire ironique éclaire son visage. Il pense à la lettre qu'il prépare pour le roi :

> LULLY : Sire, la pièce nouvelle que Votre Majesté nous a commandée est en passe d'aboutir. Elle apparaîtra, j'en suis sûr, comme une réponse heureuse à l'outrage que l'ambassade turque a eu l'audace d'infliger à Votre Grandeur. Notre meilleure arme c'est le rire, affirme Molière, qui prie Votre Majesté de croire...

Sa voix se perd dans les rires de la représentation du *Bourgeois gentilhomme*.

Sur la scène du grand théâtre, le bourgeois gentilhomme (Molière), couché sur une litière, est présenté au mufti (Lully). Il porte le costume de mamamouchi et une énorme citrouille sur la tête.

Louis éclate de rire. Les rires fusent de partout. L'ambiance est survoltée, menée par un orchestre déchaîné qui ne boude pas son plaisir. Molière et Lully sont irrésistibles de drôlerie.

Aux côtés du roi, Mme de Montespan, resplendissante, La Vallière, Marie-Thérèse et un petit garçon, le grand dauphin. Tous rient comme des enfants.

Molière est soulagé par le rire de Louis, mais il est inquiet du flottement soudain qu'il commence à sentir chez Lully : Lully ressent comme une gifle le rire du roi à ses bouffonneries.

Les danseurs sortent de scène en courant, sous les applaudissements et les rires. Lully enrage. Il arrache son turban.

LULLY : Bouffon ! Bouffon !

MOLIÈRE : Mais qu'est-ce qui te prend ! Il a toujours ri de toi. Le plus bouffon de nous deux a toujours été toi.

LULLY : Regarde-moi !...

Il montre avec dégoût son costume.

LULLY : Regarde ce que je suis devenu. Regarde !...

MOLIÈRE : Tu as vu le Roi? Tu as vu comme il rit? Il n'a jamais ri comme ça, Baptiste!

LULLY : Avant, il dansait!... Tout avait un sens! Maintenant, il rit de moi... C'est de moi qu'il rit...

Molière le pousse en avant et ironise :

MOLIÈRE : Allez, ouste! Range ta panoplie de pleureuse, veux-tu...

LULLY : Et si je ne voulais pas?

MOLIÈRE : Alors, tu pourrais aller te noyer, mon vieux. Toi tout seul, crois-moi. Et personne ne te plaindrait. Écoute... On n'a jamais fait un tabac pareil. Tu peux me remercier.

Lully le suit vers la salle où le roi les attend.

LULLY : Te remercier? Je suis réduit à l'état de hochet, que « Monsieur Molière » agite pour faire rire... Te remercier?...

Molière et Lully s'extraient d'une petite porte sur le côté de la scène. Ils s'avancent côte à côte vers le roi. Derrière le roi, la Montespan, Marie-Thérèse, La Vallière (un peu en retrait), le dauphin, et quelques courtisans qui se pressent pour féliciter les acteurs. À leur entrée dans la salle, le public manifeste son enthousiasme. D'une humeur radieuse, le roi s'adresse tout de suite à Molière :

LOUIS : Je l'ai toujours su, Molière, c'est vous qui êtes le roi. Mais alors, là…, votre sens de la satire est sans égal…

Molière se courbe en deux. Blême de jalousie, Lully tire des olives de sa poche, les mâche et en crache les noyaux qui rebondissent bruyamment sur le plancher. Louis se tourne vers Lully.

LOUIS : Lully !… Tu as faim ?

Lully lève sur lui son regard le plus désinvolte.

LULLY : Eh oui, Sire, j'ai faim ! Depuis que je ne vous fais plus danser, c'est étrange, j'ai toujours faim. Pas vous ?

Louis se détourne de lui. Il s'approche de Molière et l'entraîne, le tenant par l'épaule.

LOUIS : Notre réponse aux Turcs fut royale, Baptiste… Votre regard touche au vif.

Molière s'éloigne avec le roi, tous deux suivis par les courtisans.

MOLIÈRE : Je songe, Sire, à un projet dont j'aimerais vous parler. Une forme d'art qui les engloberait tous : art plastique, danse, musique, théâtre... une tragédie, Sire, mon rêve serait de pouvoir vous présenter une tragédie...

On semble avoir oublié Lully. Les porteurs de flambeaux ont emboîté le pas au cortège tandis que Lully reste figé, pétrifié, dans la pénombre qui l'enveloppe à mesure que la lumière s'éloigne.

# XXX

Crissements de souliers de danse sur le parquet. Dans la grande salle désertée, Lully danse son désespoir... Tandis que dans les rues de Paris, éperdue, désespérée, Julie le cherche partout.

Les pieds frottent, sautent et virevoltent... Le regard halluciné, Lully tourne et tourne encore jusqu'à l'épuisement.

Julie pénètre dans la salle. Une bouteille vide tombe et roule sur le sol jusqu'à ses pieds. Lully danse toujours. Julie court vers lui, se laisse glisser à genoux, lui enlace les jambes, entravant ses mouvements.

JULIE : Baptiste, Baptiste!... Arrêtez-vous, arrêtez, je vous en prie... Arrêtez-vous! Je vous aime... je vous aime...

Lully se dégage avec violence. Les mots sont durs, ponctués de rires d'ivrogne.

LULLY : Ça fait des années que tu me guignes, hein! Et tu as cru que c'était arrivé! Qu'il suffisait d'avoir grandi, d'avoir les gros tétons! Tu ne m'auras jamais! Jamais!

Dans un dernier saut, il s'écroule, le front contre le sol. Julie saute sur ses pieds, le secoue en vain...

# XXXI

Lully se fait saigner par un médecin. Molière, Madeleine et Julie veillent sur lui. Sur la table de chevet, un bocal de sangsues et des fioles. D'un ton doux, Molière rompt un long silence :

MOLIÈRE : J'ai pensé à une chose qui te plaira et qui plaira au Roi. Un spectacle beaucoup plus grandiose, beaucoup plus solennel que tout ce que nous avons fait jusqu'ici. L'art théâtral poussé à son degré suprême : la « tragédie en musique »...

Lully ouvre un œil.

MOLIÈRE : Rien n'y manquera. On rêvera, on pleurera, on en sortira à la fois émerveillé et grandi. En fait, je pense à quelque chose dont... en fait, c'est une forme... ne dis rien... je pense à une forme d'opéra...

Grimace de Lully.

MOLIÈRE : ... Mais français dans son âme...

JULIE : Cambert vient de terminer le sien justement. Un opéra en français. Le Roi leur a octroyé un théâtre, et on dit que l'œuvre...

Lully jaillit de ses draps comme un diable.

LULLY : Mais qu'on la fasse taire, cette traînée ! Tu t'es acoquinée avec Cambert, je le sais ! Va-t'en !

Julie se lève, horriblement choquée, très pâle, tandis que Lully s'en prend à présent à Madeleine.

LULLY : Et toi, ma chère femme, tu es dans le complot. Ton vieil amant avec ta chère pupille, toujours en famille ! Tu fais la maquerelle maintenant ? *(À Julie :)* Ce n'est pas avec lui, peut-être, que tu complotes contre moi ? Va-t'en ! Disparais ! Tu peux aller au diable !

JULIE : J'y vais.

Elle sort.

Tremblant de colère, Lully arrache une sang-sue collée à son dos et se retourne vers Molière.

LULLY : Et toi, tu me suces le sang comme ces bêtes-là. L'opéra est une chose bâtarde, Molière. Une puanteur ! Une vomissure ! Une chose ITALIENNE ! Rien que du chanté ! Le Roi m'a fait français. La Danse, le Ballet, voilà des choses FRANÇAISES ! Tu m'infectes, tu essaies de me dénaturer.

Il halète. Madeleine et Molière restent muets de consternation. D'une voix blanche, Molière poursuit :

MOLIÈRE : La folie du Roi te guette, Baptiste. Tu t'infectes tout seul. Fais attention. Méfie-toi de toi-même. Crois-moi, je suis ton ami...

Il va vers la porte. Lully hurle :

LULLY : Je n'ai pas d'ami ! C'est toi qui devrais te méfier !

# XXXII

Lully court dans la rue qui mène au théâtre de Cambert. Il est comme fou. Devant lui, un cocher de forte carrure écarte sans ménagement la foule pour lui ouvrir le passage.

Sous la lueur des torches et des braseros, un public populaire se presse devant les portes du théâtre, attentif au crieur qui fait l'article de la pièce :

LE CRIEUR : Un immense succès ! Le premier opéra en langue française ! En vrai français de France, que nous comprenons tous, vous et moi ! Plus de texte parlé, rien que des chansons ! *Pomone*, le grand œuvre de Cambert !... Accourez ! Accourez ! *Pomone*, là-dedans ! Lever de rideau dans quelques instants !

Lully pénètre dans le théâtre. Cambert dirige l'orchestre. Une voix féminine chante sur la scène. Le public s'est levé d'un seul élan pour

l'ovationner. Lully n'en croit pas ses oreilles…
C'est Julie. Elle chante le final de *Pomone*.

Lully s'est assis sur un banc, au milieu du public. Il effrange et déchiquette méthodiquement les gants posés sur ses genoux. Il ne la regarde pas. Il fulmine.

Soudain, c'est le délire. Le public hurle le prénom de Julie, lui envoie des fleurs et des billets noués de rubans. Lully se dresse brutalement, bousculant ses voisins, et se rue vers la coulisse. Il arrive en trombe au moment où Julie sort de scène. Il l'attrape par le bras et l'entraîne. Sa voix est basse, tendue par la colère :

LULLY : Pourquoi ? Pourquoi as-tu fait ça ?

Julie ne se laisse pas démonter. Elle tente de se libérer de la poigne de Lully.

JULIE : Vous m'avez commandé d'aller au diable. Je vous attendais. Je voulais que vous veniez me rechercher…

Mais Lully la rapproche encore de lui.

LULLY : Tout ! Je t'aurais tout pardonné, sauf ça.

JULIE : Vous ne m'avez jamais regardée, jamais écoutée... Ce soir, vous m'avez enfin écoutée. Et maintenant, vous me regardez...

Il prend son visage dans ses mains, la regardant au fond des yeux comme s'il essayait de percer son mystère.

LULLY : Me voilà berné, ridiculisé par un musicien dévot et une gamine infidèle... Tu as manigancé ton tour bien doucement, bien salement. Je n'ai rien vu venir... rien...

Malgré l'agressivité de Lully, Julie ne peut cacher son trouble.

JULIE : Un mot de vous, et j'abandonne ce spectacle. J'abandonne Cambert. Je ne chanterai que pour vous. Vous m'écrirez des opéras immortels avec Molière, nous irons de triomphe en triomphe, et nous serons heureux...

LULLY : Dis-moi, Julie, je veux savoir, je veux comprendre... Dis...

JULIE : Molière a raison, Baptiste. Le public est là. Il est venu. Il nous fait un triomphe. Il n'y a rien de plus beau que le chant. Il n'y a rien de plus beau que l'opéra...

Il ne lui laisse pas poursuivre sa phrase. Il colle ses lèvres contre sa bouche et l'embrasse avec voracité...

# XXXIII

Le roi pose pour le peintre Nocret, qui met la dernière main à un tableau représentant « la famille royale sous les figures des divinités de l'Olympe ». Louis est Apollon. Derrière le roi, Lully tournicote.

LOUIS : L'opéra t'intéresse maintenant ? C'est nouveau.

LULLY : Cambert galvaude ce privilège, Sire. S'il faut un opéra en France, il ne peut venir que de moi. Votre voix, c'est moi. Depuis vingt ans, c'est moi, et pour l'éternité ce ne peut être que moi.

LOUIS : Et s'il me prenait l'envie de changer d'instrument ?

Court silence.

LULLY : Vous y perdriez, Sire. Vous le savez bien. Il y va de votre image, Majesté.

Depuis les hauteurs où votre gloire vous porte, nous devons tout contrôler. Tout. Je vous écrirai des « tragédies en musique ». L'opéra, mais français ! Vous en serez l'instigateur, le maître d'œuvre. Rien que du chanté, mais — j'insiste — mêlé au ballet qui fait notre gloire. Sans fioritures, sans outrances à l'italienne ! De la rigueur, de la noblesse, de l'élévation ! Les puissants et les dieux ne seront pas chantés par des voix efféminées à la manière des Italiens, mais bien par des basses, des barytons français, des mâles, des vrais mâles, Sire, à votre image... Sire... Vous ne dansez plus, je le regrette. Mais votre cour ne peut déserter la scène. Qu'au moins le théâtre soit son image, son miroir. Un miroir magnifié jusqu'au sublime. On tremblera, on pleurera, on admirera surtout, et partout on vous reconnaîtra...

Après un silence :

LOUIS : Décidément, il n'y en a pas deux comme toi en cette cour, Lully.

Lully lui répond du tac au tac :

LULLY : Certes non, Sire. Deux seraient beaucoup trop.

Louis rit franchement. Lully s'incline, puis, avec une étrange gravité, s'agenouille aux pieds du roi.

LULLY : Accordez-moi le privilège, Sire. À moi seul. J'en ferai meilleur usage que quiconque...

Le silence du roi se prolonge.
Lully joue alors son va-tout :

LULLY : Sire, si vous me refusez aujourd'hui, je considérerai que vous me reniez... et j'en tirerai les conséquences.

Un nouveau silence s'installe...

LOUIS : Et Molière ?

Lully hésite un court instant. Puis, d'un ton apparemment froid et détaché :

LULLY : Les gens malades nous dégoûtent, vous comme moi, Sire... Il crache ses poumons un peu plus gras chaque jour. Il tousse, il tousse de plus en plus...

Visiblement ému par ce qu'il vient d'entendre, le roi reste silencieux. Alors, prenant le silence prolongé du roi pour un acquiescement, Lully dicte ses conditions :

LULLY : Il n'y aura plus dorénavant qu'une seule musique pour la France. Une seule... Je veux votre appui, sans réserve.

Il fixe le roi dans les yeux, comme il ne l'a jamais fait.

LULLY : Je n'ai qu'un seul amour, Sire, que personne ne mesure... et comme vous, je n'ai point d'ami...

Une parfaite révérence de courtisan, et il sort.

# XXXIV

Dans le grand théâtre, des artisans s'activent à des travaux d'aménagement. Au milieu de cette agitation, Molière s'est réfugié sur la scène où il travaille devant une grande table. Soudain, suivi par le capitaine des gardes et ses hommes, Lully fait irruption dans la salle. Il désigne la fosse en chantier et, d'un ton sec et froid :

LULLY : Tu peux reboucher ton trou. Tu n'y mettras pas d'orchestre. Depuis hier, il est interdit à tout théâtre de faire aucune représentation accompagnée de plus de deux chanteurs et de deux instruments.

Molière est sidéré.

MOLIÈRE : Qu'est-ce que c'est que cette invention ?

LULLY : Cette invention est un ordre du Roi, dont j'ai ici copie signée de sa main.

Moi seul ai désormais pouvoir de monter des spectacles en musique. Moi seul. Je viens de chez Cambert. Il doit fermer ses portes, je rachète ses musiciens.

MOLIÈRE : Tu n'es pas sérieux ?

LULLY : Pas plus de deux musiciens et pas plus de deux chanteurs !...

Molière s'est levé. Il descend de la scène, traverse la salle et s'avance vers Lully.

MOLIÈRE : Sans musique, mon théâtre ne tiendra pas deux saisons, Baptiste ! C'est ma mort que tu as signée, tu ne peux pas ne pas le savoir. Ces travaux, je les fais pour montrer les comédies-ballets que nous avons écrites et composées ensemble.

Lully frappe dans ses mains. D'une chaise à bras, deux pages sortent des grands volumes reliés. Lully les présente à Molière et lui montre les pages de garde.

LULLY : *Psyché*, *Les Amants magnifiques*, *Monsieur de Pourceaugnac*, *Le Bourgeois gentilhomme*... Toutes ces éditions sont maintenant imprimées sous le nom du seul M. de Lully.

MOLIÈRE : Mais ce sont aussi mes œuvres… Tu ne vas pas aussi me voler mes œuvres… ?!

LULLY : Le décret signé du Roi indique expressément que toute parole sur laquelle j'ai composé de la musique est maintenant ma propriété. C'est donc sous mon nom que ces pièces doivent dorénavant paraître. Tout cela m'appartient.

Il fait signe aux pages de remporter les livres, puis s'éloigne comme pour prendre congé. Molière éclate d'une fureur soudaine :

MOLIÈRE : Mais attends ! Attends ! Tu ne vas pas tout me prendre ! Baptiste… Baptiste, je ne te reconnais plus…

Lully revient, froid, méprisant, la haine dans la voix.

LULLY : Regarde-toi, aujourd'hui. Qui est l'homme des compromis ? Tu nous enfarines de farces. La cour rit, l'or pleut dans tes malles. Tu as perdu ton âme. Tu pactises avec la vie. Pas moi ! Moi je la prends au corps comme on fait à la lutte, tantôt dessus, tantôt dessous…

MOLIÈRE : Qu'est-ce qui se passe ? Tu es fou... Pourquoi tout ça...

LULLY : Tu veux la vérité ? La vraie vérité ? La vérité toute crue ? C'est que je n'en puis plus d'être toujours ton second, Molière. Ça fait des années que tu me serines : Baptiste, mets-moi des notes ici, un bout de ballet par-là. Je ne suis plus aux ordres, Molière. Ma musique ne passera plus après tes mots, et son sens se dégagera de sa seule beauté. Je régnerai sur la musique de ce pays comme notre Roi règne sur l'Europe. Seul ! Sans partage !

Molière tousse. Écœuré, il lui montre la porte.

MOLIÈRE : Va-t'en, va-t'en ! Pars avec tes gens, c'est fini...

LULLY : Je t'avais prévenu, Molière. Le Roi ne supporte plus tes crachats et tes râles. Tu es une glaise, Molière, un nuage, un orage...

MOLIÈRE : C'est toi qui lui dis que je vais crever pour mieux tirer la couverture...

LULLY : ... Périmé !!!

MOLIÈRE : Mon corps sent la mort, c'est ça ?...

LULLY : Il a fallu que je choisisse entre lui que j'aime d'amour, et toi, mon ami. Il est volage, il n'aime que sa gloire, mais je l'aime. Il est le meilleur de moi.

Lully sort. Molière court derrière lui.

MOLIÈRE : C'est une farce ! Une farce ! Une farce ! Tiens, tu me donnes envie de l'écrire, cette farce. Là, sur-le-champ ! Une farce sur un faux malade ! Et en musique, et tant pis pour toi, Lully !

Lully est sorti. Revenant vers la scène, courbé par le désespoir, Molière tousse à s'étrangler.

# XXXV

Sur la scène, derrière le rideau fermé, Molière en costume d'Argan attend que la séance commence et regarde par un trou du rideau la salle qui se remplit. Il s'adresse à un jeune acteur derrière lui :

MOLIÈRE : Le Roi n'est toujours pas là. Il n'est pas venu à la première, ni hier non plus. S'il ne vient pas ce soir, tout sera dit.

L'ACTEUR : Nous n'avons pas le Roi, mais nous avons le public.

MOLIÈRE : Et tu crois que le public suffit ? Bourrique ! Allez, en place ! Quelle tristesse d'être l'esclave de la fantaisie des puissants… Allez !

Une pénible toux s'empare de Molière qui va s'asseoir à la table d'Argan.

MOLIÈRE : Mon Dieu, qu'un homme doit souffrir avant de mourir... Rideau !

Le rideau s'ouvre.

> Assis, seul, à la table de sa chambre, Argan fait le compte de ses médecines.

*ARGAN*

*Trois et deux font cinq, et cinq font dix, et dix font vingt (...) Soixante et trois livres, quatre sols, six deniers. Si bien donc que de ce mois j'ai, pris (...) un, deux, trois, quatre, cinq, six, sept, huit, neuf, dix, onze et douze lavements ;*

Dès les premiers mots, le public rit largement. Le regard de Molière s'attarde sur le fauteuil royal, au premier rang, et qui reste obstinément vide.

*ARGAN*

*... et l'autre mois, il y avait douze médecines, et vingt lavements. Je ne m'étonne pas si je ne me porte pas si bien ce mois-ci que l'autre (...)*

> Argan agite une sonnette pour faire venir ses gens.

*Ils n'entendent point, et ma sonnette ne fait pas assez de bruit. (…) Drelin, drelin, drelin : ils sont sourds. Toinette ! Drelin, drelin, drelin : (…) Drelin, drelin, drelin : j'enrage.* (Il ne sonne plus mais il crie.) *Drelin, drelin, drelin : carogne, à tous les diables ! Est-il possible qu'on laisse comme cela un pauvre malade tout seul ? Drelin, drelin, drelin : voilà qui est pitoyable ! Drelin, drelin, drelin : ah, mon Dieu ! ils me laisseront ici mourir.*

La pièce suit son déroulement. Assis dans un profond fauteuil, Molière-Argan est encerclé par le ballet des thérapeutes. Avec leurs longues robes noires et leurs masques de mort, ils forment autour de Molière une ronde fantasmagorique. Le fauteuil royal est resté vide… Debout derrière le fauteuil royal se tient Lully. Il est vêtu avec splendeur, le visage de marbre, avec toujours ses yeux brûlants. Lully tend sa main gantée vers les musiciens de l'orchestre. Il pointe le doigt et compte comme on désignerait des condamnés pour le peloton.

Soudain une quinte de toux déchire Molière. Il tire en hâte son mouchoir, le presse sur sa bouche… Le mouchoir s'imprègne de sang.

MOLIÈRE : Tiens… Voilà qui est nouveau…

Le sang imbibe le mouchoir, dégouline sur les mains, tache les manchettes. Molière étouffe. Sa tête tombe sur sa poitrine, tandis qu'un filet de salive coule sur son pourpoint. Lully, blême, reste debout, le visage décomposé.

## XXXVI

Julie chante les opéras. Lully les dirige en regardant Louis, tout son art, toute sa fougue exclusivement dédiés à ce roi qui semble anéanti dans son indifférence.

À mesure que les opéras de Lully s'enchaînent, Louis et son environnement se transforment : les vêtements passent à des teintes sombres ; les visages se sont figés, les regards se sont ternis. Les silhouettes grises et noires se font de plus en plus nombreuses, se resserrant autour du roi comme un peuple de fantômes qui prendrait possession du théâtre des vivants.

Avec le déclin du règne, et celui de ses espoirs déçus, c'est l'agonie de Lully qui commence...

Brisant le récit, quelques images-flashes nous remettent en mémoire le début du film : Le fauteuil du roi, vide... La longue canne de Lully... Le coup volontaire qu'il porte sur son pied... Sa bouche qui s'ouvre sur un hurlement silencieux...

# XXXVII

*Nous revenons au présent*

Dans son lit placé au centre de l'appartement, le dos soutenu par des coussins, Lully, âgé, délire à mi-voix.

Une jeune femme emmitouflée (c'est Julie, trente-huit ans) se hâte dans les couloirs qui mènent à la chambre du mourant.

Dans l'atmosphère étouffante de la pièce, Julie rejoint Madeleine (quarante-cinq ans). Les deux femmes s'embrassent.

> MADELEINE : Merci d'être venue. Cela fait trois jours qu'il vous réclame, j'avais peur que vous n'arriviez pas à temps. Il refuse qu'on ampute sa jambe, il crie qu'il doit faire danser le Roi et que Molière l'attend sur le théâtre...

De sa main encore gantée, Julie relève le visage de Madeleine ravagé par le chagrin.

JULIE : Comme vous l'aimez encore…

Sans un mot, Madeleine sort, laissant Julie pour un dernier tête-à-tête avec Lully. Doucement, elle s'approche du lit où le musicien repose, son violon serré contre lui.

LULLY : Ma petite lumière… Enfin, tu es là.

Elle lui prend la main, et la voix brisée par l'émotion, Julie murmure :

JULIE : Le Roi va venir : il faut lui montrer bon visage…

LULLY : Le Roi ne viendra plus jamais. Tu le sais bien… Le Roi ne veut plus de moi. Il ne veut plus de ma musique…

JULIE : Votre musique l'a rendu immortel…

Avec un vague sourire, Lully approuve :

LULLY : Immortel… C'est ça… C'est bien… Sait-il seulement que je vais mourir ?…

Et tandis que Julie laisse couler ses larmes, Lully, tournant la tête vers la fenêtre où se meurt le jour :

LULLY : Mon Dieu!... Quel silence!... Quel silence!...

# XXXVIII

Dans la galerie des glaces, tout illuminée par le soleil couchant, Louis XIV contemple l'astre qui décline rapidement au-dessus du grand canal. Derrière le roi se tiennent Mme de Maintenon, immobile et silencieuse, et, rassemblé dans son dos à une distance respectueuse, un groupe important de silhouettes grises et muettes, les dévots.

Sans quitter des yeux le soleil qui déjà plonge dans l'eau sombre, Louis murmure :

> LOUIS : La musique ne joue donc point ce soir ?

Alors, s'approchant, Mme de Maintenon enveloppe le roi dans une grande cape sombre et l'entraîne, avec sa suite de dévots, tout au long de la galerie où les rayons jettent leurs derniers feux.

*Impression Bussière à Saint-Amand (Cher),*
*le 6 novembre 2000.*
*Dépôt légal : novembre 2000.*
*Numéro d'imprimeur : 2418.*
ISBN 2-07-041679-8./Imprimé en France.